LEARNING TO WRITE CAN BE

THIS LETTER TRACING ALPHABET BOOK INCLUDES 4 PAGES FOR EACH LETTER.

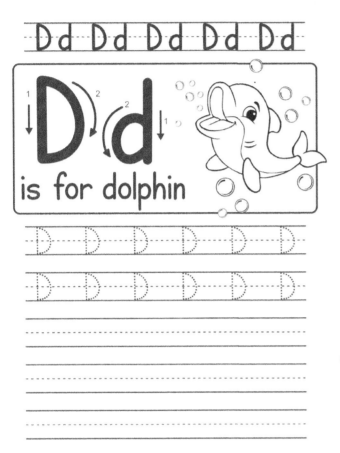

Dd Dd Dd Dd Dd

is for dolphin

WITH ARROWS TO GUIDE YOUR CHILD ALONG THE WAY, AND DOTTED UPPERCASE AND LOWERCASE LETTERS TO TRACE, LEARN AND BUILD FINE MOTOR SKILLS. EACH LETTER HAS AN ADORABLE ILLUSTRATION TO COLOR, SO THEY CAN LEARN AND ASSOCIATE THE LETTERS WITH AN OBJECT, ALL WHILE HAVING FUN AND BEING CREATIVE.

is learning to write!

Aa Aa Aa Aa Aa

A
is for apple

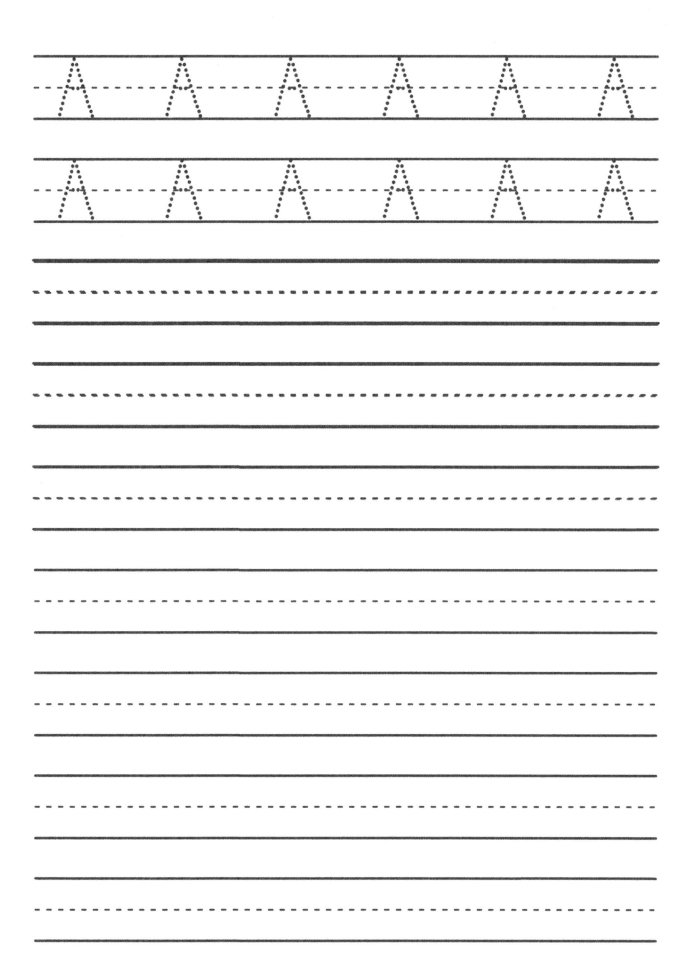

A A A A A A

a a a a a a

Bb Bb Bb Bb Bb

B is for bear

B B B B B B

B B B B B B

Cc   Cc   Cc   Cc   Cc

C¹ C¹c
is for cat

c   c   c   c   c   c

c   c   c   c   c   c

D d D d D d D d D d

D is for dolphin

D D D D D D

D D D D D D

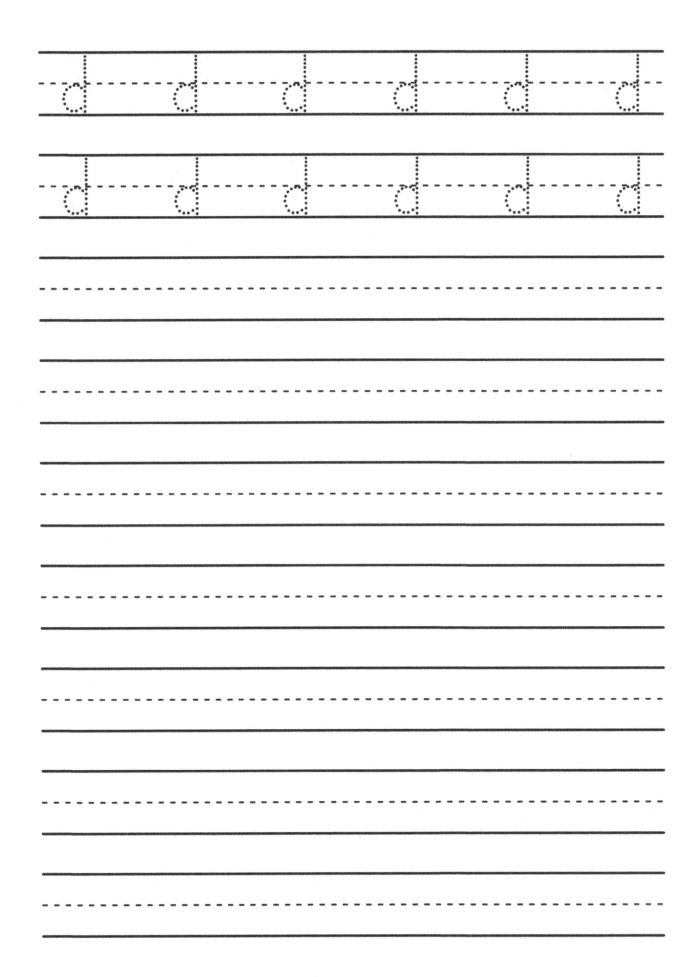

Ee Ee Ee Ee Ee

E is for elephant

Ff Ff Ff Ff Ff Ff Ff

F is for frog

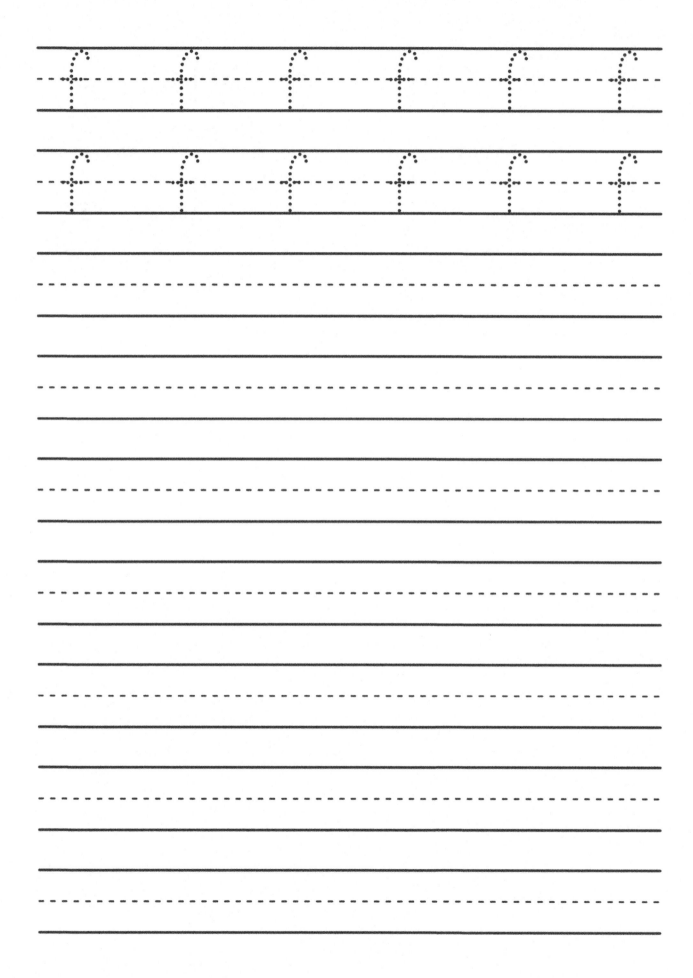

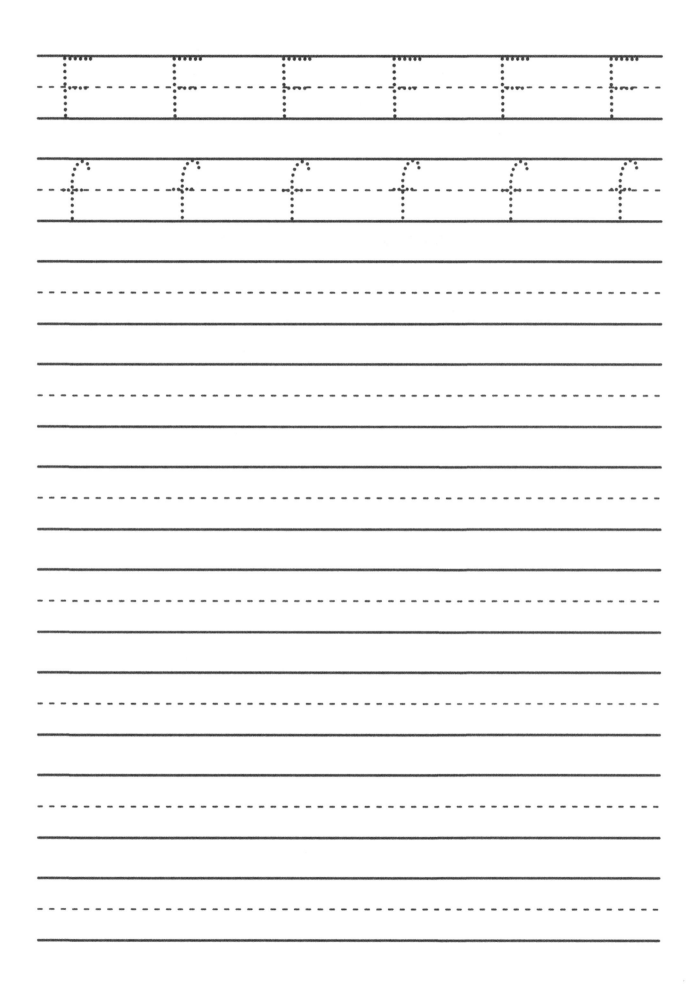

G g G g G g G g G g

G is for g goat

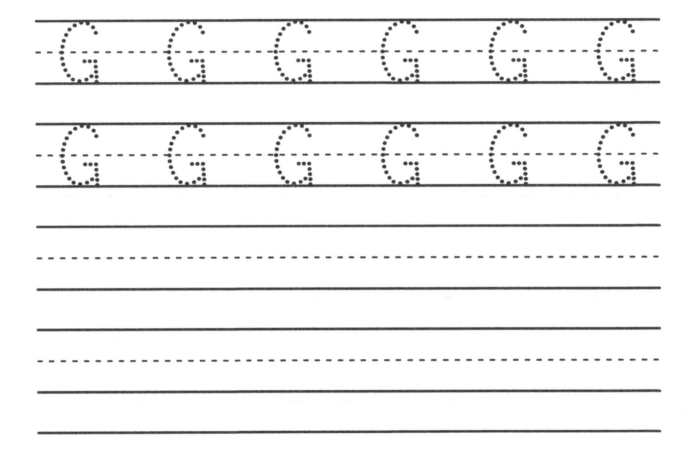

G G G G G G

G G G G G G

g g g g g g

g g g g g g

Hh Hh Hh Hh Hh

is for hippo

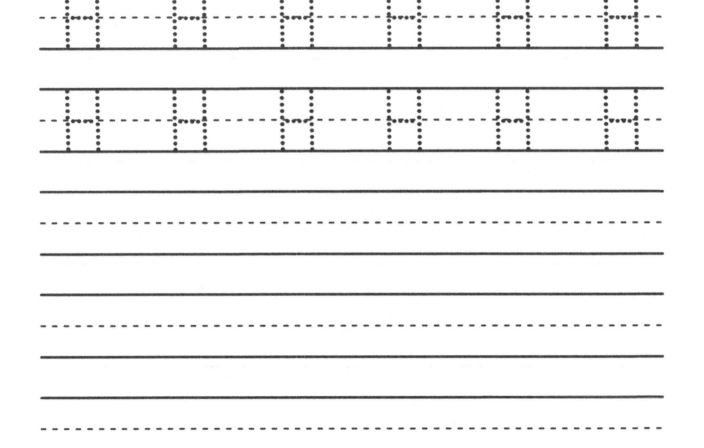

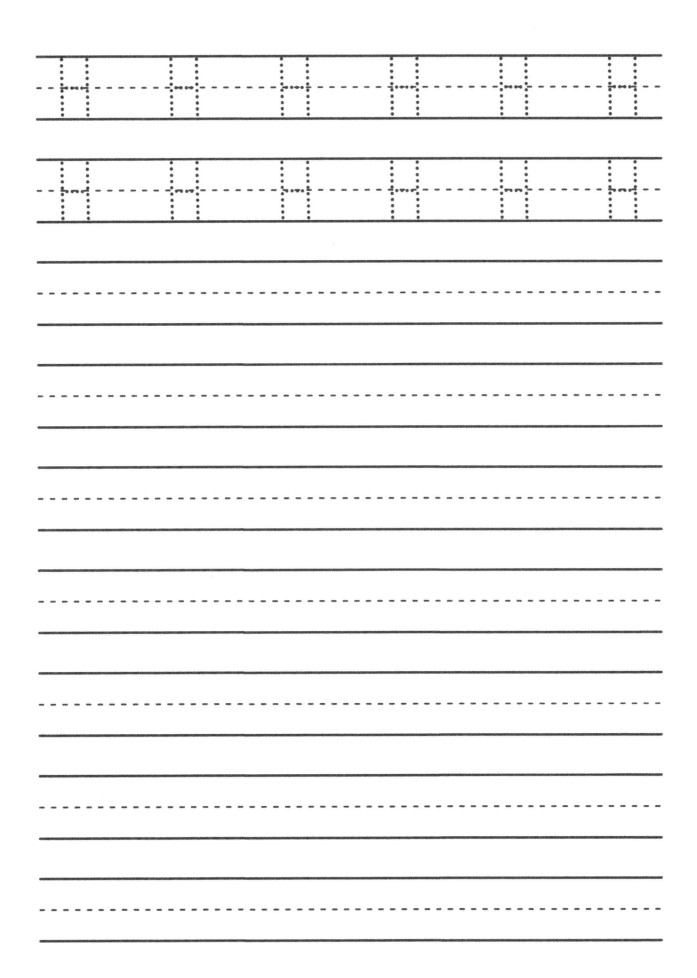

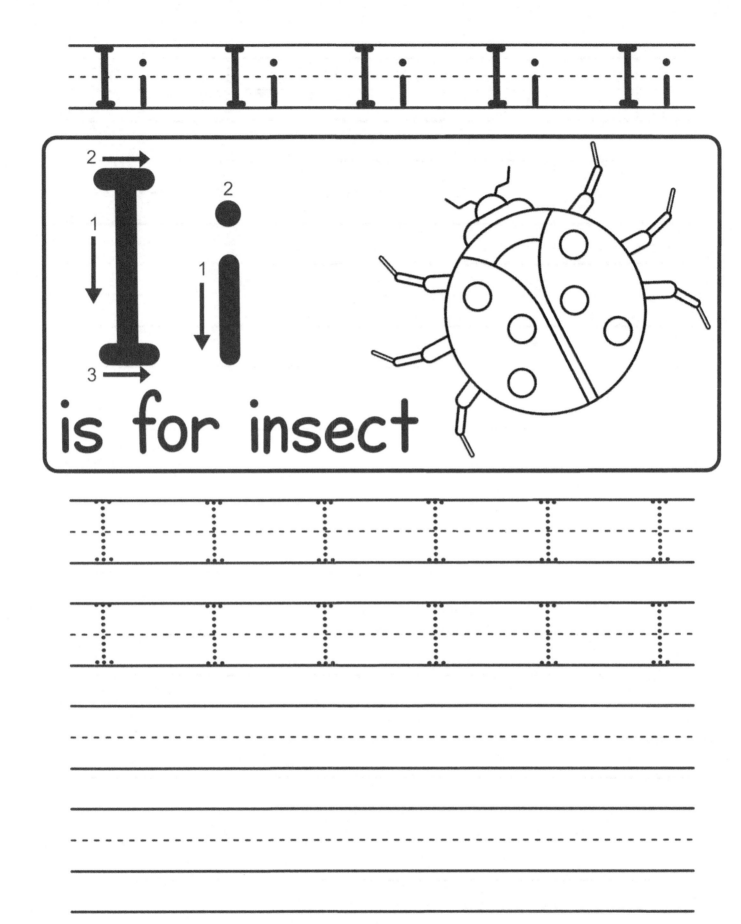

is for insect

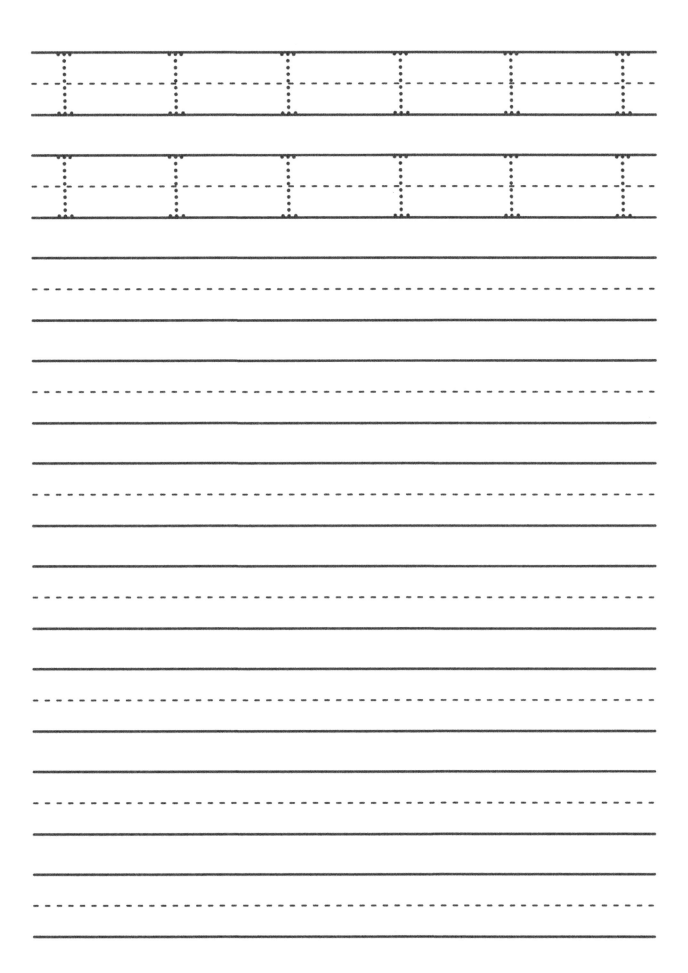

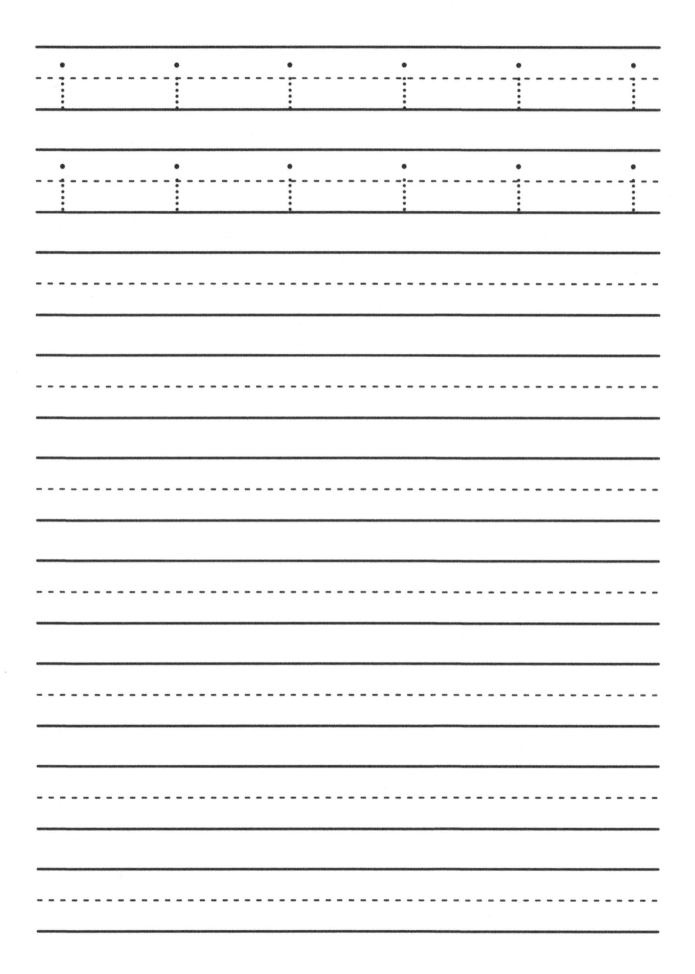

J j   J j   J j   J j   J j

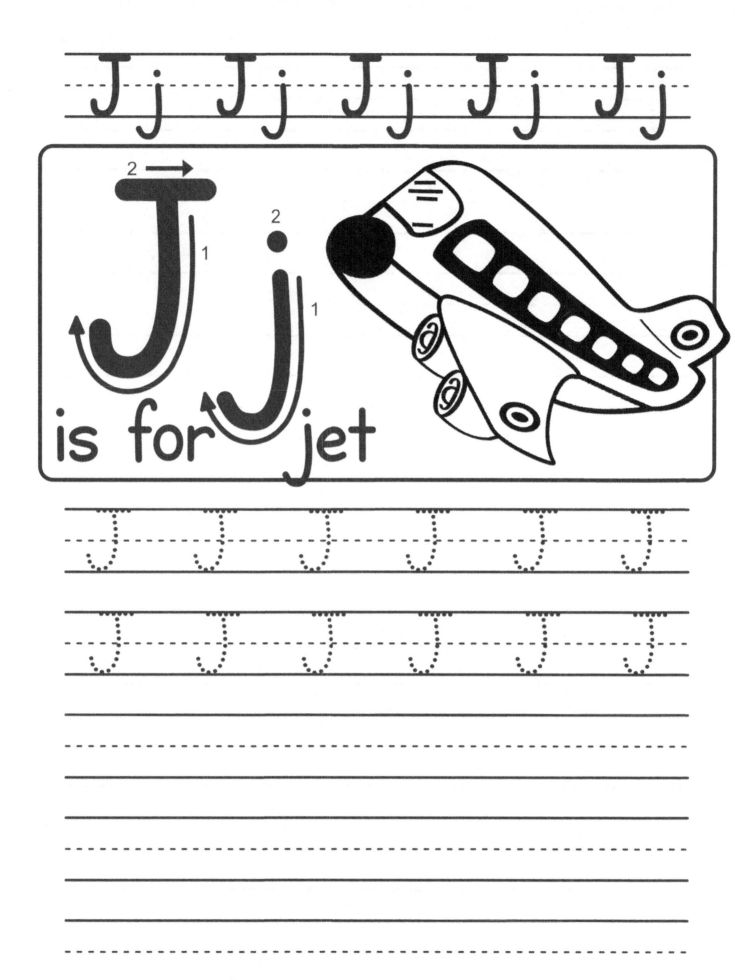

J is for jet

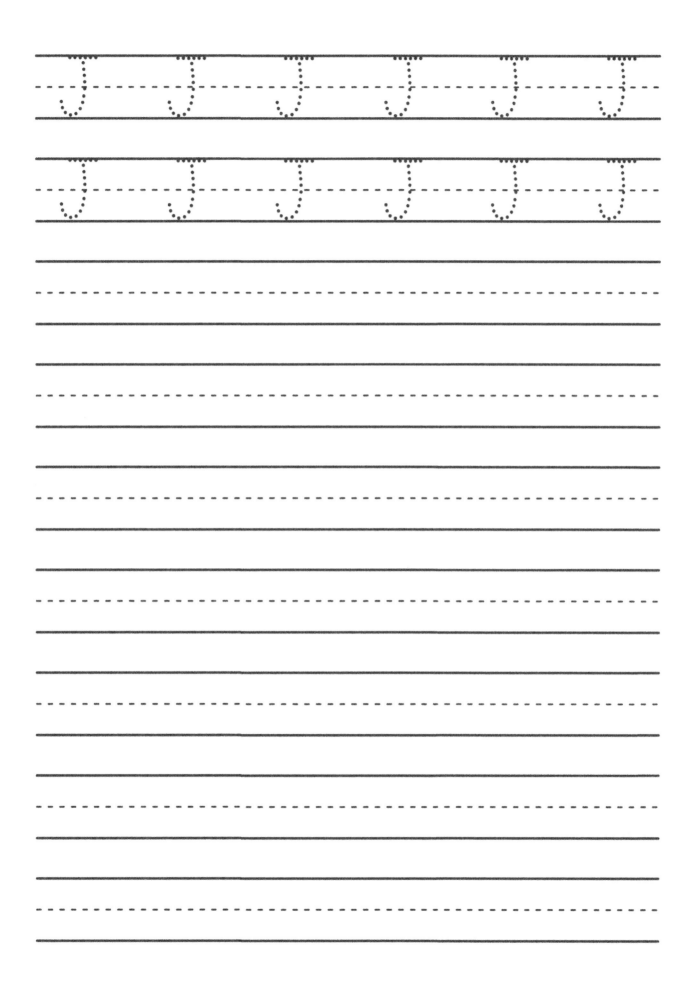

Kk Kk Kk Kk Kk

K is for kite

K K K K K K

K K K K K K

is for lobster

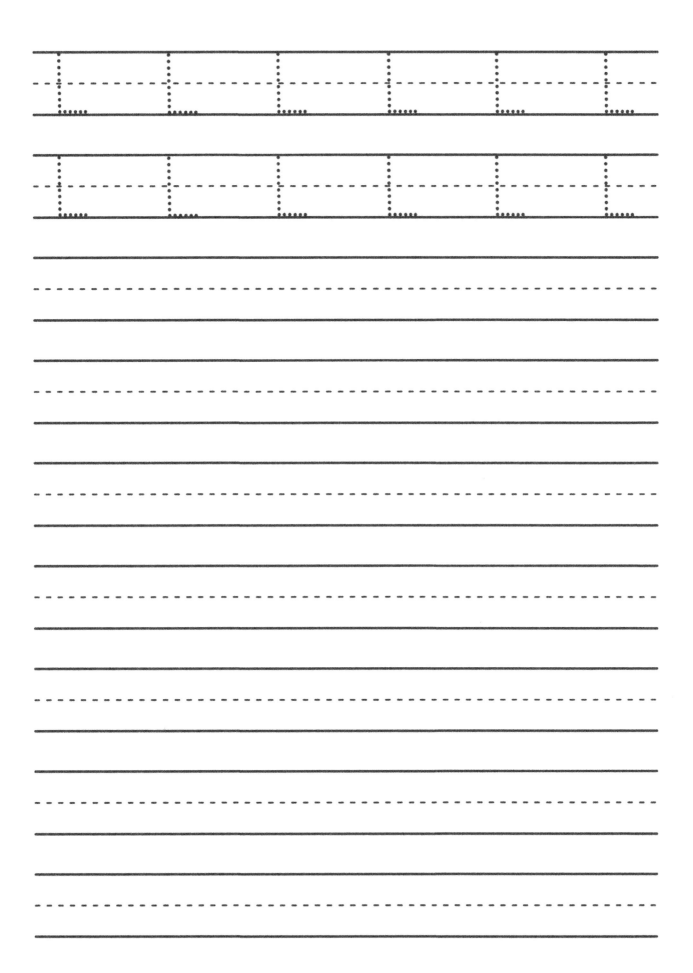

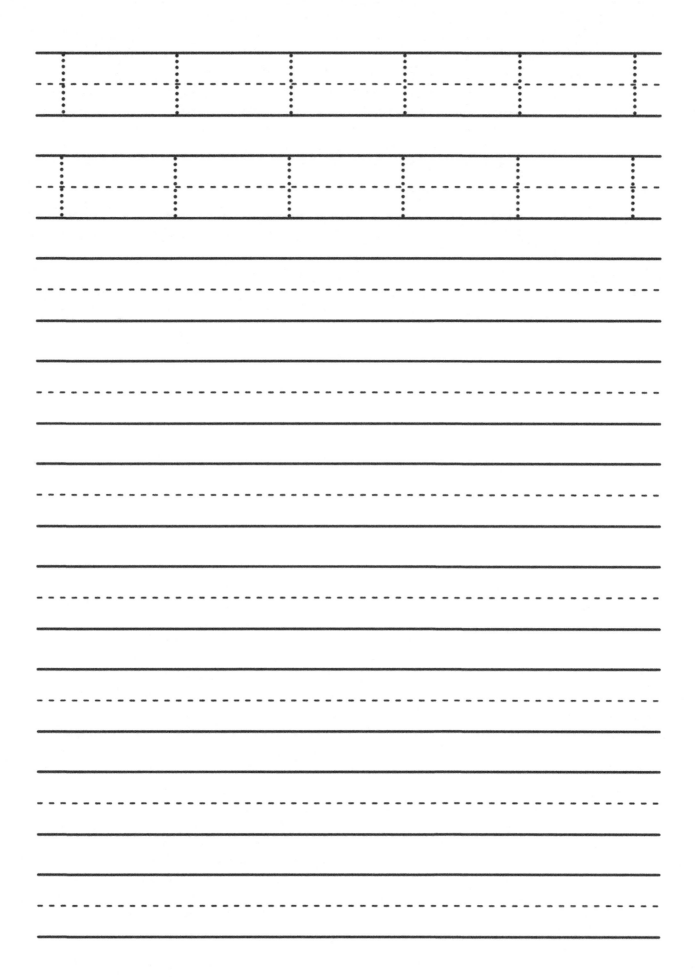

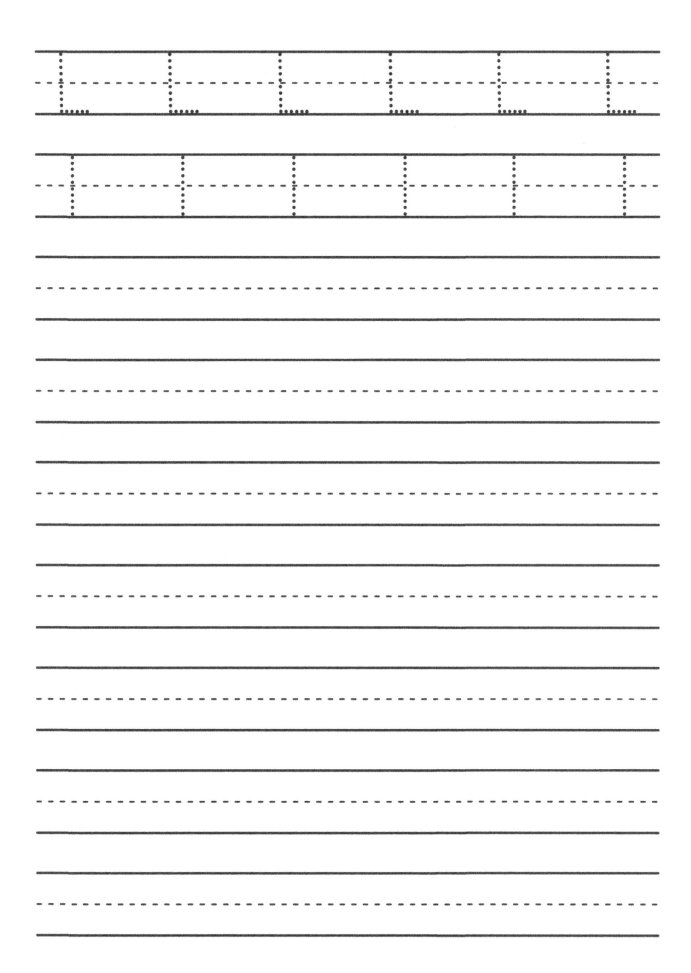

Mm Mm Mm Mm Mm

M is for mouse

M M M M M M M

M M M M M M M

N n   N n   N n   N n   N n

is for nest

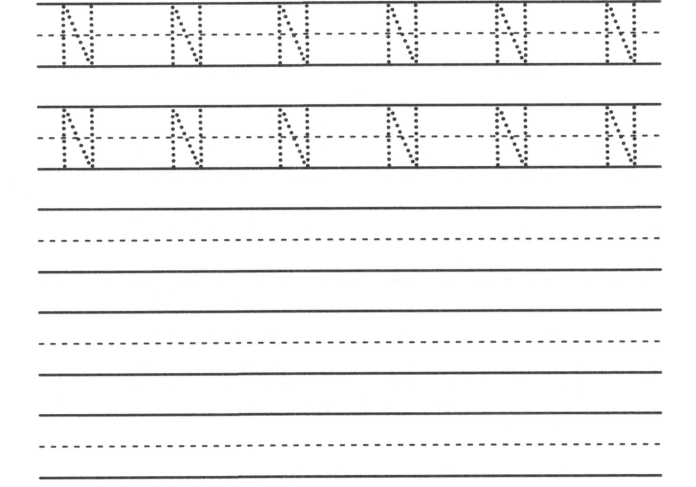

Oo Oo Oo Oo Oo

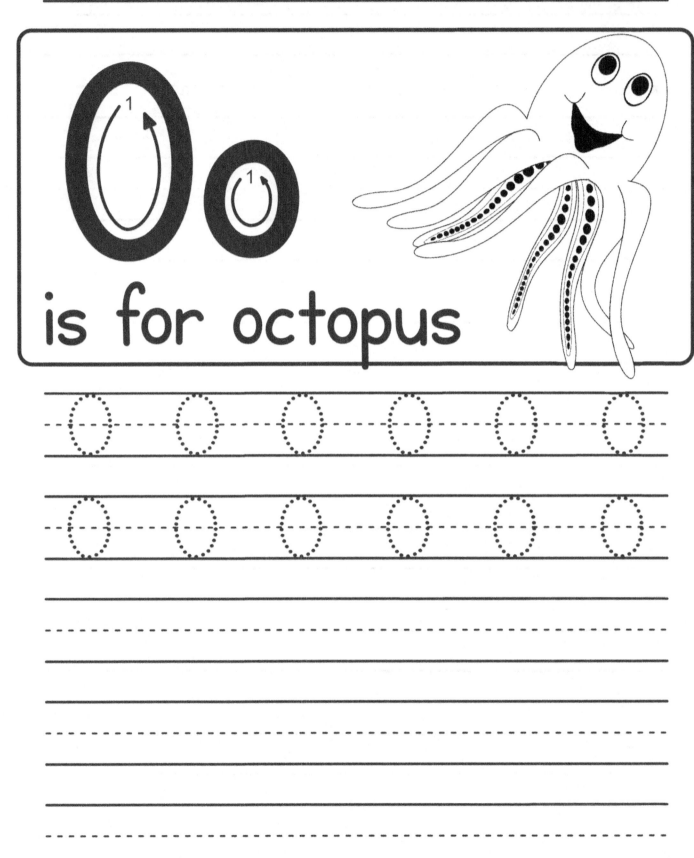

is for octopus

P p P p P p P p P p

P

1 ↓ 2

is for p pig

1 ↓ 2

p p p p p p

p p p p p p

p   p   p   p   p   p

p   p   p   p   p   p

Qq Qq Qq Qq Qq

Q q
is for quack

quack
quack

R r R r R r R r R r

R is for rocket

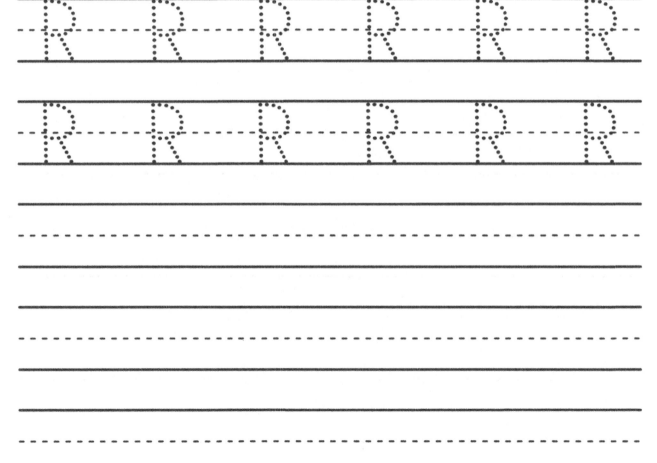

R R R R R

R R R R R

r   r   r   r   r   r

r   r   r   r   r   r

Ss Ss Ss Ss Ss

S is for snail

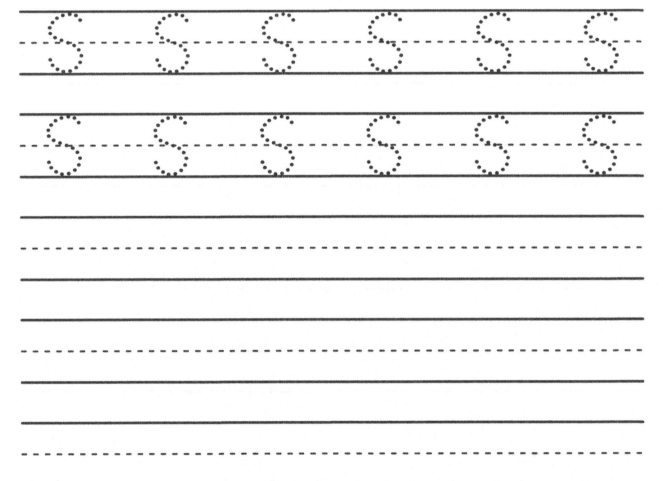

S S S S S S

S S S S S S

is for turtle

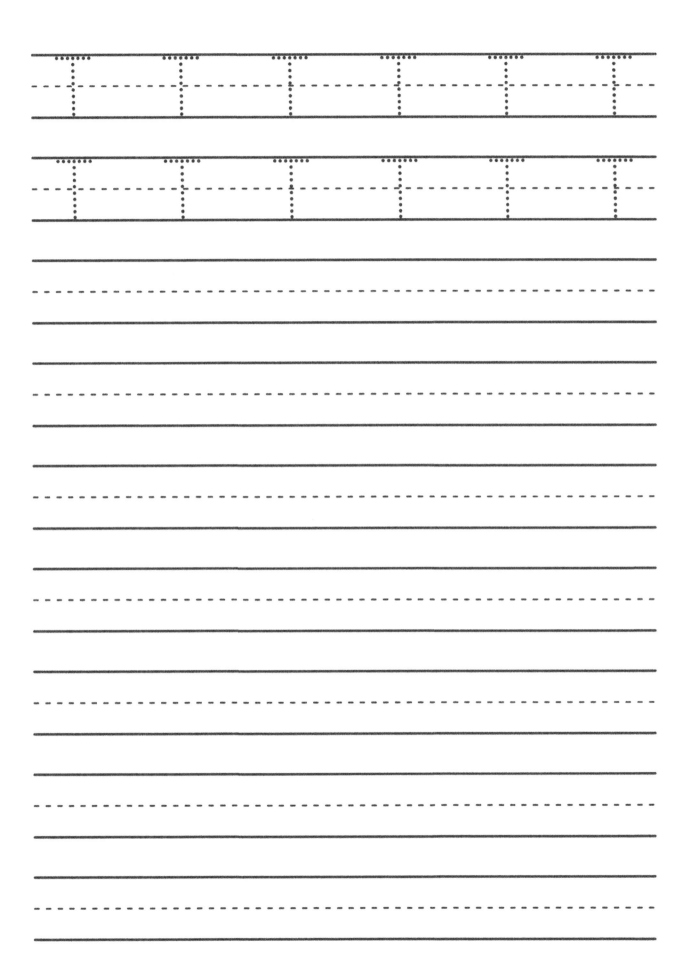

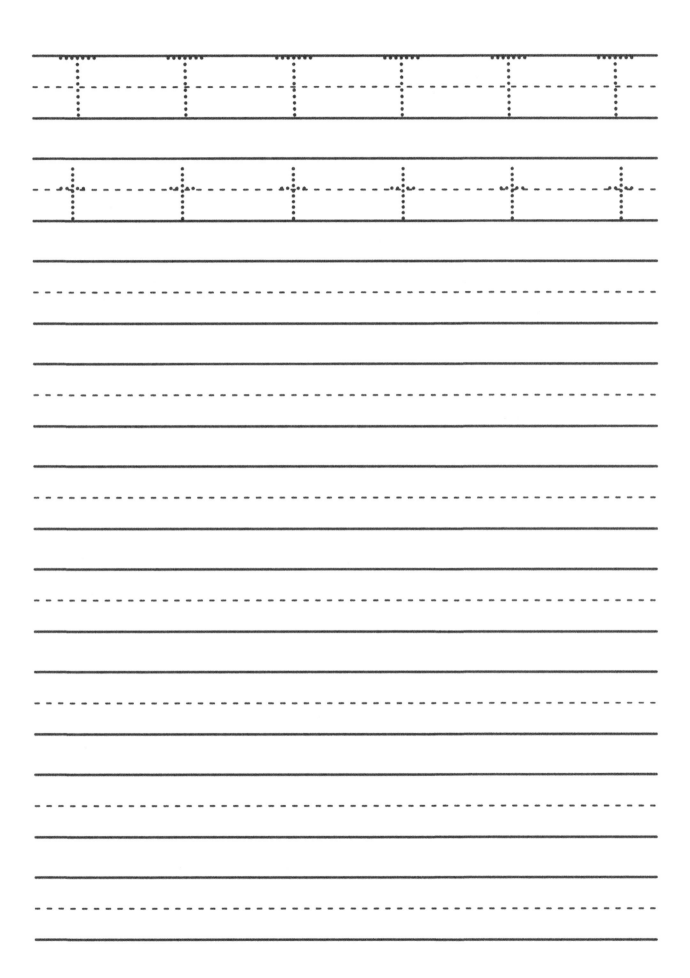

Uu Uu Uu Uu Uu

U u
is for umbrella

V V V V V V V V V V v

is for violin

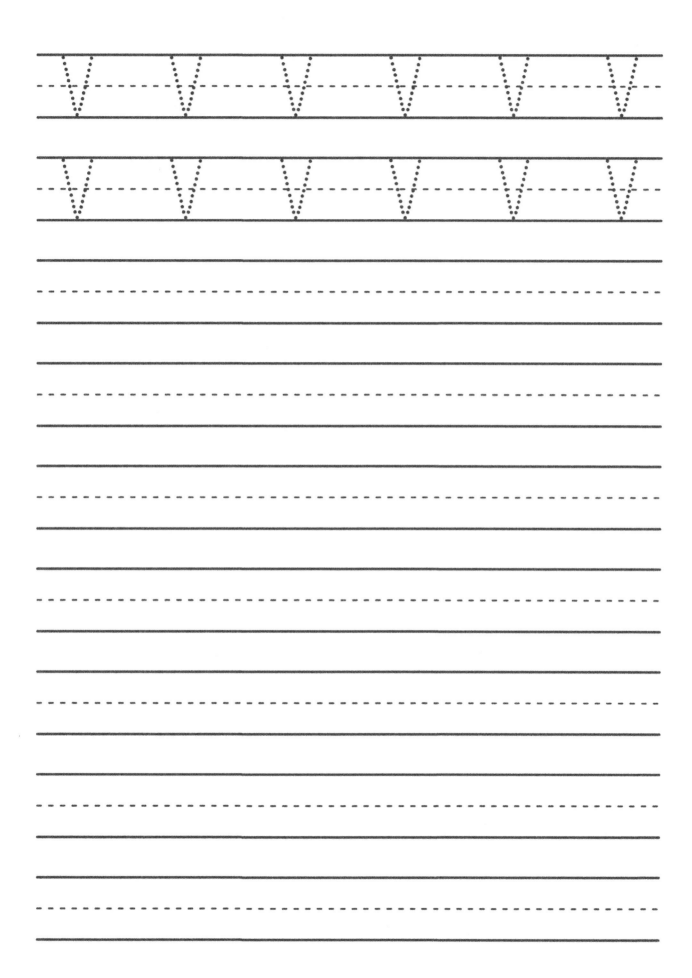

W w W w W w W w W w

is for whale

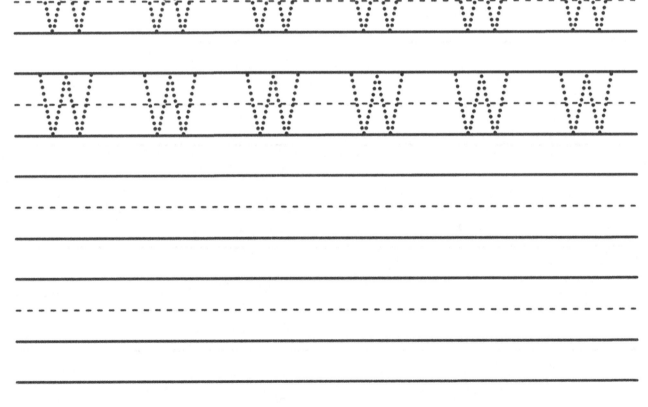

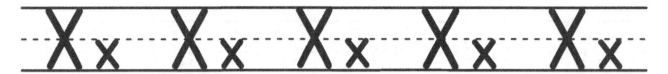

is for xylophone

Y y Y y Y y Y y Y y

Y
1→ 2
is for

y
1 2
yarn

Y Y Y Y Y Y

Y Y Y Y Y Y

Y Y Y Y Y Y

y y y y y y

is for zebra

Z Z Z Z Z Z

Z Z Z Z Z Z

Made in the USA
Monee, IL
23 April 2025

16271784R00059